Rainer Haak

In Tagen der Trauer

HERDER

FREIBURG · BASEL · WIEN

www.herder.de

Umschlaggestaltung, Innengestaltung und Reproduktion:
Atelier Lehmacher, Friedberg (Bay.)
Umschlagbild: PantherMedia/Daniela T.
Bilder des Innenteils: Georg Lehmacher, Friedberg (Bay.)
Herstellung: fgb · freiburger graphische betriebe · www.fgb.de

Gedruckt auf umweltfreundlichem,
chlorfrei gebleichtem Papier

Printed in Germany

ISBN 978-3-451-30358-6

Inhalt

Vorwort

Ein Mensch, der Ihnen nahe stand, ist nicht mehr da. Vielleicht war es der Mensch, den Sie von allen am liebsten hatten und mit dem Sie am engsten verbunden waren – und wohl noch einige Zeit bleiben.

Ihr Leben ist nicht mehr das Leben, das es einmal war, und wird es auch niemals mehr sein. Dieser eine Mensch fehlt – und damit ist alles anders als vorher. Sie wandern in Gedanken immer wieder zurück in das »alte Leben« und können es doch nicht wieder zurückholen. Sie spüren den Schmerz der Trennung, fühlen sich allein und verlassen und können und wollen das »neue Leben« noch nicht zulassen.

Da Sie, liebe Leserin, lieber Leser, ein einzigartiger Mensch sind, wird auch die Zeit Ihrer

Trauer einzigartig sein. Keine Beschreibung, kein Schema können hinlänglich deutlich machen, was in dieser Zeit geschieht und was in Ihnen vor sich geht. Sie wandern durch das »Land der Trauer«, und es ist, als würde zum ersten Mal ein Mensch dieses Land betreten. Ihre Wanderung ist wie Sie – einzigartig. Und selbst, wenn Sie dieses Land früher schon einmal betreten mussten: Es ist wieder alles neu und anders, auch Ihre Wanderung. Und doch: Auch wenn Ihre »Wanderung« einzigartig ist, so gibt es doch gewisse Erfahrungen, die für viele Menschen gelten. Es gibt Phasen, die viele Trauernde durchmachen. Es gibt Probleme und Fragen, die außer Ihnen auch viele andere haben.

Nehmen Sie dieses Büchlein bitte so auf: Sie begegnen darin Phasen, Fragen, Ängsten, Siegen und Niederlagen, Hindernissen und Wegen, die auch Ihre eigenen sein können.

Und Sie können jeweils entscheiden, was für Sie gilt und was nicht (manches gilt vielleicht jetzt noch nicht, sondern erst später). Und auch bei den Versuchen, Fragen zu beantworten, entscheiden Sie bitte stets, welche Antworten Sie in Ihrer Situation gelten lassen wollen und welche nicht.

So wie das Leben des geliebten Menschen vergangen ist, so wird auch die Zeit Ihrer Trauer vergehen – nicht von einem Tag auf den anderen, sondern sehr langsam, mit vielen Rückschlägen, manchmal fast unbemerkbar. Aber diese Zeit wird für Ihr »neues Leben« entscheidend wichtig sein. Sie brauchen diese Zeit. Und Sie können sie nur jetzt leben – und erleiden und gestalten.

War alles nur ein Traum?

Die Zeit des ersten Schocks liegt hinter Ihnen. Wie ein schrecklicher Traum kam es Ihnen vor. Und obwohl die Tatsache des Todes Sie wie ein Keulenschlag traf, war Ihnen die ganze Realität noch gar nicht bewusst. Unbewusst hatten Sie noch gehofft, dieser »Albtraum« würde einmal ein Ende haben. Aber inzwischen wurde Ihnen die Endgültigkeit der Trennung mehr und mehr deutlich.

Vielleicht konnten Sie sich auf den Tod des geliebten Menschen innerlich »vorbereiten«. Vielleicht haben Sie miterlebt, wie die Krankheit immer mehr Besitz von ihm ergriff. Vielleicht konnten Sie ihn in der schweren Zeit trösten, begleiten, pflegen. Und doch – ob »plötzlich und unerwartet« mitten aus dem Leben, ohne erkennbare Vorwarnung, oder nach langer schwerer Krankheit –, es ist in jedem Fall unfassbar! Es ist immer schwer! Es ist immer ein Schock! Es ist für uns immer zu früh!

Kaum hatten Sie sich vom ersten Schock erholt, da mussten Sie »funktionieren«. Sie mussten ein Beerdigungsinstitut beauftragen, Behördengänge erledigen, Bescheinigungen besorgen und Formulare ausfüllen, Verwandte, Freunde und gute Bekannte benachrichtigen. Sie kamen kaum zur Ruhe – und eigentlich wollten Sie das auch gar nicht! Diese ersten Tage nach dem Tod des geliebten Menschen waren eine merkwürdige Zeit: Alles zielte auf den Augenblick der Bestattung hin, auf die Trauerfeier, auf »den letzten Gang«. Alles zielte darauf hin – und doch fürchteten Sie sich davor, so als würde an diesem Tag das »Unfassbare« fassbar werden, sozusagen bestätigt und besiegelt werden, so endgültig!

Und dann kam die Beerdigung. Vielleicht wären Sie lieber im Kreis der engsten Familie geblieben – aber es tat doch irgendwie gut zu erleben, dass viele Freunde und Bekannte Anteil am Tod dieses Menschen nahmen. Manches ging völlig an ihnen vorbei und erreichte Sie nicht. Anderes hat sich Ihnen tief eingeprägt – vielleicht einige Gesichter, der Anblick des Sarges, ein Wort des Trostes, der »endlose« Gang zum Grab.

Schon bald nach der Beerdigung überfiel Sie die Stille. So viele Menschen hatten Sie auf dem Friedhof begleitet – aber danach waren Sie überwiegend allein. Einige wenige Freunde kamen vorbei, riefen an, boten Hilfe an – in den ersten Tagen »danach«. Dann unterblieb auch das fast völlig. Ihnen war das vielleicht ganz recht, konnten Sie doch endlich zur Ruhe kommen. Sie nahmen sich Zeit, die Trauerpost zu beantworten. Einige persönli-

che Beileidsbriefe lesen Sie immer und immer wieder. Jetzt werden die Abende erschreckend lang und die Nächte so einsam! Erinnerungen an die gemeinsame Zeit mit dem geliebten Menschen tauchen auf – ja, Sie suchen diese Erinnerungen! Sie stöbern in alten Briefen und Aufzeichnungen, in Unterlagen und Fotos. Erst jetzt nehmen die Schmerzen der Trennung vollends Besitz von Ihnen. Es ist anders als beim ersten Schock. Es sind die Schmerzen, die sehr genau um die Realität und die Endgültigkeit des Abschieds wissen. Es kommen die Erinnerungen, die Schmerzen und viele, viele Fragen.

Dankbar für diesen Menschen

Immer wieder werden Ihre Gedanken zu dem geliebten Menschen zurückkehren. Sie träumen von ihm. Manchmal meinen Sie sogar, ihm zu begegnen: War das nicht seine Stimme? Hat er mir nicht eben aus dem vorbeifahrenden Bus zugewunken?

Und jedes Mal, wenn Ihnen dann wieder zu Bewusstsein kommt: »Es ist endgültig!« – wird der Schmerz Ihren ganzen Körper und Ihre Seele ergreifen. Sie haben den Menschen verloren, der Ihnen »ans Herz gewachsen«, der Ihnen lieb und wertvoll war.

Vielleicht ist es hilfreich, wenn Sie – gerade jetzt – überlegen, wofür Sie rückblickend dankbar sein können. Nicht für alles, sicher nicht, aber für vieles.

Ihnen fällt das Lächeln des geliebten Menschen ein, sein besonderer Humor, seine treue Fürsorge, seine Liebe, seine nie erlahmende Unternehmungslust, seine Ausgeglichenheit, seine Zuverlässigkeit. ja, Ihnen fällt auf, dass er während all der Jahre ganz selbstverständlich da war.

Ihnen fallen lange zurückliegende Geburtstage ein, wunderschöne Feste, gemeinsame Urlaubsfahrten und lange gemeinsame Abende, Liebesnächte und tiefe Gespräche, Ernst und Ausgelassenheit, kleine Aufmerksamkeiten und gelungene, unvergessliche Überraschungen.

Wie gesagt: Nicht für alles können Sie dankbar sein, aber doch für sehr vieles!

Nehmen Sie sich Zeit zum Überlegen. Vielleicht legen Sie sich eine kleine (oder doch lieber eine größere) Liste an: »Wofür ich dir

dankbar bin.« Und diese Liste wird Sie in den nächsten Tagen, Wochen und Monaten begleiten bei Ihrer Wanderung durch das »Land der Trauer«. Und vielleicht wird sie immer noch wieder etwas länger werden …

Hieronymus, einer der alten Kirchenväter, sagte schon vor vielen Jahrhunderten:
»Wir wollen nicht trauern,
dass wir sie verloren haben,
sondern dankbar sein dafür,
dass wir sie gehabt haben –
ja, auch jetzt noch besitzen,
denn wer heimkehrt zum Herrn,
bleibt in der Gemeinschaft
der Gottesfamilie und
ist nur vorangegangen.«

Ich fühle mich schuldig

»Hätte ich etwas ändern können an dem unfassbaren Geschehen? Hätte ich den Arzt nicht doch schon früher benachrichtigen, von der anstrengenden Reise abraten oder auf eine bessere Ernährung achten sollen? Hätte ich … ?«

Immer wieder kreisen Ihre Gedanken um diese oder ähnliche Fragen. Und es ist »lebenswichtig«, dass Sie sich diesen Fragen offen stellen. Denn alle Fragen, die Sie jetzt nicht zulassen, werden Sie später quälen – und wahrscheinlich werden Sie dann nicht einmal mehr feststellen können, was Sie da quält: Fragen, die Sie jetzt nicht zulassen, werden in Ihr Unterbewusstsein »abwandern« und danach – wenn überhaupt – nur noch unter größten Anstrengungen freizulegen und zu bearbeiten sein.

Zahllose weitere Fragen kommen auf Sie zu und wühlen Sie auf:

Habe ich dem »geliebten Menschen« auch wirklich genügend Liebe gegeben?

Habe ich meine Liebe nicht nur »gedacht« und empfunden, sondern auch regelmäßig ausgedrückt in Worten, Gesten und Taten?

Habe ich ihm stets zugehört und ihn zu verstehen versucht, ihn unterstützt, ihm Nähe gegeben und ihm zugleich genügend Freiheit gelassen?

Habe ich mit ihm geweint und mit ihm gelacht und mich über jeden seiner kleinen und großen Fortschritte von Herzen mitgefreut? – Auch diese Fragen müssen Sie zulassen, und zwar jetzt, in den Tagen der Trauer ...

Vielleicht fühlen Sie konkrete Schuld gegenüber diesem Menschen und leiden darunter. Ihnen fallen kleine »Notlügen« ein, die sich später zu handfesten Lügen weiterentwickelten. Schmerzhaft denken Sie zurück an manche Auseinandersetzung, die nur wegen ihrer »Rechthaberei«, Ihrer »Geltungssucht« oder Ihres »Stolzes« geführt wurde. Vielleicht haben Sie diesen Menschen betrogen, hintergangen, vernachlässigt, enttäuscht? – Lassen Sie diese Erinnerungen zu? Das ist gut so. Mit der Zeit werden Sie alles irgendwie »einordnen« können. Vielleicht werden Sie sich sagen, dass kein Mensch alles richtig macht – warum sollten Sie es dann von sich erwarten? Manches wird Ihnen zutiefst leid tun, und manches werden Sie so, wie es ist, stehen lassen.

Anderes wird noch bleiben, was Sie schwer belastet und was Sie nur »abgeben« können.

Vielleicht beten Sie zu Gott und bitten ihn um Vergebung. Das wird Sie entlasten.

Doch – wie gesagt – manches werden Sie stehen lassen. Denn »Schuld« dürfen Sie niemals nur bei einem Menschen, nur bei sich, suchen. Wo Menschen zusammen sind, wird es stets Probleme, Unterlassungen und Fehler geben. Sie werden zulassen müssen, dass auch der Mensch, um den Sie trauern, ein Mensch mit Fehlern und konkreter Schuld war.

»Ich ärgere mich!«

Während Sie durch das » Land der Trauer« wandern, stellen Sie ab und zu fest, dass Sie sich über den Menschen ärgern, den Sie doch so sehr vermissen. Zuerst versuchen Sie entsetzt, dieses Gefühl des Ärgers zu unterdrücken. Aber mit der Zeit lassen Sie es – zuerst nur vorsichtig – zu. Und das ist gut so!

Vielleicht sind Sie ärgerlich und enttäuscht darüber, dass dieser Mensch Sie »allein gelassen« hat. Sie fühlen sich verraten und betrogen. Schließlich wollten Sie zusammen noch so viel unternehmen und erleben. Sicher, er kann ja nichts dafür und wollte noch lange nicht sterben! Trotzdem ist dieses Gefühl da, unterschwellig, und bedrückt Sie. »Entdecken« Sie dieses Gefühl, lassen Sie es zu – um dann, vielleicht viel später, über dieses Gefühl auch lächeln zu können.

Vielleicht gibt es einiges, was Sie dem verstorbenen Menschen vorwerfen möchten. Tun Sie es! Erinnern Sie sich an seine Fehler und sonderbaren Angewohnheiten, an seine mangelnde Bereitschaft zum Zuhören und an seine kleinen und großen Lieblosigkeiten. Lassen Sie das alles zu!

Mit der Zeit werden Sie auch seine »Schuld« einordnen können und feststellen, dass manches daran lag, dass Sie beide leider nie gelernt hatten, bestimmte Probleme angemessen anzusprechen, zu bearbeiten und gemeinsam zu lösen. Und was bleibt an »Schuld«, das werden Sie eines Tages abgeben, weggeben. Vielleicht gehen Sie dann an sein Grab oder an den Ort ihres Ärgers und seines Versäumnisses und sagen dort, laut und deutlich: »Wo du an mir schuldig geworden bist, da will ich dir vergeben!«

Kann mir der Glaube helfen?

„In mir ist es dunkel.
Sei du, Gott, mein Licht! –
Ich habe alle Hoffnung aufgegeben.
Sei du, Gott, meine Hoffnung! –
Ich bin leer und ausgebrannt.
Sei du, Gott, meine Kraft! –
Ich bin traurig und verzweifelt.
Sei du, Gott, meine Freude! –
Ich irre ziellos umher.
Sei du, Gott, mir Weg und Ziel.«

Aus: Rainer Haak, Gebete

Sicher versuchen Sie oft, zu beten in diesen schweren Tagen. Können Sie Gott danken für die gemeinsame Zeit? Können Sie den geliebten Menschen vertrauensvoll in Gottes Hand zurückgeben? Vielleicht versuchen Sie zu beten, doch stammeln stets nur die Worte: »Warum nur, Gott, warum?»

Die Bibel spricht davon, dass Gott den Tod besiegt hat. Und doch wird Gott uns den verstorbenen Menschen nicht zurückgeben. In der Welt, in der wir leben, in der für uns sichtbaren Weit, bleibt der Tod endgültig. Sie wissen das. Und doch: War da nicht die unbewusste Hoffnung in Ihnen, dass alles nur ein schrecklicher Traum gewesen war?

Gott wird Ihnen diesen Menschen nicht zurückgeben. Er wird Ihnen auch nicht die Trauer nehmen. Denn die Trauer ist »lebenswichtig«. Und er wird Ihnen den Schmerz nicht nehmen. Denn erst der Schmerz, der tiefe Schmerz, macht den Prozess des Trauerns möglich.

Sie fragen sich, warum Sie überhaupt zu Gott beten während ihrer Wanderung durch das Land der Trauer? Vielleicht sind dies Gründe für Ihr Gebet:

❧ Beim Beten können Sie sich Ehrlichkeit leisten. Sie formulieren Ihre tiefsten Gedanken und Gefühle, Ihre Ängste und Verletzungen, Ihre Einsamkeit und Ihren Zorn. Das tut gut und hilft bei der Heilung.

❧ Beim Beten entsteht eine enge Beziehung zu dem »Gottessohn«, der selbst den Schmerz der Einsamkeit und der Ohnmacht gegenüber dem Tod erlebt hat, ja, der den Tod unter entsetzlichen Qualen erlitt. Sie spüren, dass »er« Ihre Schmerzen und Ihre Trauer zutiefst versteht. Sie vertrauen seinen Worten: »Kommt alle her zu mir, die ihr mühselig und beladen seid, ich will euch erquicken« *(Matthäus 11,28)*.

Das wird Ihnen nicht den Schmerz nehmen. Vielleicht wird es ihn lindern. Auf jeden Fall vertrauen Sie darauf, dass Sie

den Schmerz nicht allein (er)tragen müssen, sondern dass »er« mitträgt.

❧ Sie sind im Gebet zugleich dem auferstandenen Christus verbunden. Sie dürfen seinem Versprechen trauen, das für alle gilt, die seine Nähe suchen und mit ihm leben wollen: »Siehe, ich bin bei euch alle Tage bis zum Ende der Welt« *(Matthäus 28,20)*. Ihnen wird deutlich, dass der Tod nicht die letzte und größte Macht ist.

»Wir verstanden uns so gut.
Wir waren so vertraut miteinander.
Der Tod trat zwischen uns.
Aber wir gehören doch zusammen

Jetzt bin ich allein mit meiner Trauer,
mit meiner ganzen Ohnmacht,
inmitten aller Erinnerungen.

Werde ich fliehen
in die erfüllte Vergangenheit?
Werde ich fliehen vor dem Leben,
weil sich der Tod als stärker erwiesen hat?
Jesus, du hast den Tod doch auch erfahren!
Durch den Tod, so heißt es,
bist du gegangen in die andere,
bessere Welt Gottes.
Ist der Tod das Tor zum Leben?
Sind wir dort besser aufgehoben?

Jesus, begleite du mich
bei meinen vorsichtigen Schritten
von der Trauer und Ohnmacht zurück
zum Leben!
Lass mich die Angst vor dem Tod
verlieren und die Angst vor dem Leben!«

Aus: Rainer Haak, Gebete

»Und was ist mit dem geliebten Menschen?«, werden Sie jetzt vielleicht fragen. Kein Mensch kann Ihnen das mit letzter Sicherheit sagen. Aber Sie dürfen darauf vertrauen, dass er in Gottes Hand ist. Sie dürfen glauben: Wenn ein Mensch in diesem Leben Gott vertraut, wird Gott dieses Vertrauen niemals, wirklich niemals enttäuschen. Jesus sagte es so: »Wer mir vertraut, wird leben, auch wenn er stirbt« *(Johannes 11,25)*.

Wo ist der geliebte Mensch jetzt? Was heißt es, in Gottes Hand zu sein, bei Gott zu sein? Für uns, die wir in der für uns sichtbaren Welt leben, ist das schwer vorstellbar. Gottes Welt und damit auch Gott selbst sind für unsere Augen verborgen. Nur unser Glaube und unsere Hoffnung ahnen etwas von dieser anderen Welt, in der wir nach diesem Leben eine neue Heimat finden werden.

Paulus schreibt in einem Brief:
»Die Leiden,
die ich jetzt ertragen muss,
sind nicht zu schwer
und gehen vorüber.
Sie werden eine Herrlichkeit schaffen,
die meine Vorstellungen übersteigt
und kein Ende hat.«

2. Korintherbrief 4,17

Die Trauer leben

Während einer langen Phase, die Wochen und Monate dauern wird, sind Sie in Ihrer Trauer »gefangen«. Sie wandern, sie wanken und schleppen sich durch das »Land der Trauer« und können es nicht verlassen. Sie brauchen diese lange, intensive »Wanderung«, wenn Sie vom »alten Leben« mit dem geliebten Menschen heil in das »neue Leben« ohne ihn gelangen wollen.

Sie können das »Land der Trauer« nicht verlassen? Viele Menschen versuchen es trotzdem. Sie auch? Vielleicht lassen Sie sich »etwas« verschreiben, um Linderung von den Schmerzen zu erfahren? Vielleicht suchen Sie Trost und Vergessen im Alkohol? Vielleicht flüchten Sie in die Arbeit, in Ablenkungen, in ständige Aktivität? Hoffentlich nicht! Denn Sie würden sich um Ihre Trauer

betrügen, um Ihre »lebenswichtige« Trauer. Wer sich der Trauer nicht stellt, wird der Trauer erliegen.

Es gibt Tage in dieser Trauerzeit, an denen die Trauer so viel Kraft von Ihnen fordert, dass Sie nichts anderes tun können. Sie mögen nicht ausgehen, sich nicht schön anziehen, Sie mögen nicht einmal das Haus verlassen. Wenn Sie nicht arbeiten müssten oder andere Verpflichtungen hätten, würden Sie morgens oft gar nicht aufstehen.

Sie ziehen sich völlig zurück, und zugleich leiden Sie unter Ihrer Einsamkeit. Sie wollen an manchen Tagen nicht einmal Ihre Freunde sehen, und zugleich sehnen Sie sich nach Nähe und Geborgenheit.

In der Erinnerung ist Ihnen der geliebte Mensch manchmal noch ganz nahe. Sie gehen in Gedanken viele Wege wieder und wieder, die Sie damals gemeinsam gegangen sind. Und wenn die Kraft ausreicht, dann machen Sie sich auf und besuchen Orte, die Sie beide früher geliebt haben: den alten Park mit den schattigen Plätzen, das kleine Restaurant, in dem Sie mit Namen angeredet werden, die Bushaltestelle um die Ecke, den verträumten Weg am Bach. Aber bald wird Ihnen wieder umso schrecklicher deutlich, dass Sie allein sind und all diese Wege auch allein machen müssen.

Manchmal haben Sie das Gefühl, als würden Sie selber sterben müssen. Ihnen ist, als würden Sie dem geliebten Menschen bald endgültig folgen, als würde Ihre Wanderung durch das »Land der Trauer« erst im Tod enden.

Es besteht die Gefahr, dass Sie sich in den Tod »verlieben« und nicht mehr weiterleben wollen. Und es besteht die Gefahr, dass Sie sich in Ihre Trauer »verlieben« und versuchen, jedes Zeichen von zurückkehrendem Leben und wieder erwachender Freude bereits im Keim zu ersticken.

Sie sind in Ihrer Trauer »gefangen«, und in einem gewissen Maße brauchen Sie diese Gefangenschaft. Sie brauchen es, die Tiefen der Trauer kennen zu lernen, zu durchschreiten und zu erleiden. Was Sie nicht brauchen, ist, dass Sie sich selbst das Leben verbieten, dass Sie den Tod mehr lieben als das Leben, dass Sie sich zur Trauer verpflichtet fühlen und sich bei der Trauer sogar wohl zu fühlen beginnen. Die Trauer ist für einige Zeit ein hilfreicher und notwendiger Begleiter, aber kein Freund auf Dauer.

Wie lange dauert die Trauer?

Endlos scheint sich die Wanderung durch das »Land der Trauer« in die Länge zu ziehen. Wird sie überhaupt jemals ein Ende haben? Manchmal fragen Sie sich, ob Sie sich womöglich schon häuslich eingerichtet haben im »Land der Trauer« und gar nicht mehr hinauswollen. Denn in den vergangenen Wochen und Monaten ist dieses Land zu Ihrer Heimat geworden. Und jede Heimat, auch wenn sie ungeliebt ist, scheint mehr Sicherheit zu bieten als ein neues, noch unbekanntes Land.

Wie lange werden Sie noch trauern? Vielleicht stellen Sie unbewusst damit auch die Frage: »Wie lange muss ich noch trauern?« Sie denken dabei an eine Verpflichtung gegenüber dem verstorbenen Menschen? Ihm sind Sie keine Trauer »schuldig«. Ihm »helfen« Sie durch Ihre Trauer bestimmt nicht! Sie denken an »die« Menschen, an Verwandte, Freunde, Nachbarn und Bekannte? Es gibt keine vorgeschriebene Trauerzeit, an die Sie sich halten müssen. Und Sie können und dürfen es nicht zulassen, dass andere direkt oder indirekt über die Art und Weise und Dauer Ihrer Trauer bestimmen.

Sie denken an sich selbst? Ja, das ist die richtige Ausrichtung Ihrer Gedanken. Sie trauern, damit Sie vom Schmerz des Verlustes befreit und geheilt werden und das »neue Land« betreten können. Allein danach sollen Sie sich richten: »Wie lange werde ich noch trauern? Solange, wie ich die Trauer brauche!«

Vieles, was ihnen früher selbstverständlich war, spielt in Ihrem Leben jetzt keine oder kaum eine Rolle. Wenn Sie frühstücken, dann stehen keine Blumen auf dem Tisch,

keine hübsche Tischdecke erfreut Sie, die Vorhänge sind zugezogen, und Ihren Kaffee trinken Sie aus einem alten, schäbigen Becher. Sie gehen weder ins Theater noch mit Freunden essen.

Es wird Zeit, manches wieder zu »lernen« und bewusst Wege zurück zum Leben zu suchen und zu gehen. Es wird Zeit, die Augen für die Schönheit des Lebens wieder zu öffnen und einige Zeichen des Lebens wieder zuzulassen.

Hannelore Risch schrieb in ihr »Trauertagebuch« folgende Ratschläge für diese schwere Zeit:

»Einmal am Tag die Wohnung
verlassen und mit Menschen sprechen,
für die abendliche Heimkehr
ein Licht brennen lassen,

für die Wochenenden Besuche
und Einladungen planen,
sich um andere kümmern,
sich engagieren,
keine »Ersatzgefährten« nehmen wie:
Fernsehgerät, Alkohol, Schleckereien,
Klatsch …
Veranstaltungen besuchen
und vieles mehr.«

Aus: H. Risch, Gott tröstet

Wie lange werden Sie noch trauern? Vielleicht stellen Sie schon jetzt an manchen Tagen erstaunt fest, dass Sie sich wieder über das Leben freuen können, über ein gutes Gespräch, eine zarte Blume, einen ausgedehnten Spaziergang, eine unerwartete Begegnung, einen »romantischen« Sonnenuntergang.

Vielleicht gibt es Augenblicke, in denen der Schmerz wie weggeblasen erscheint. Vielleicht gab es kürzlich einen Tag, an dem Sie morgens die Vorhänge beiseite zogen und die Sonne hereinließen, den Tisch schön deckten, das teure Kaffeegeschirr herausholten, eine Blume dazustellten und voller Freude und Glück das Frühstück »feierten«, obwohl Sie doch ganz allein waren. Das Leben meldet sich zurück.

Doch dann gibt es wieder Zeiten, in denen der Schmerz mit voller Wucht zurückkehrt, Sie den Verlust des geliebten Menschen wie in den ersten Tagen Ihrer Trauer empfinden und erleiden und Sie sich wieder in Ihre eigene, dunkle Trauerwelt zurückziehen.

Aber die Heilung beginnt – langsam, mit vielen Rückschlägen, aber unübersehbar.

Das »neue Leben«

Langsam geht Ihre Wanderung durch das »Land der Trauer« zu Ende. Obwohl Sie eins wissen sollen: Auch nach Jahren werden Sie dieses Land noch ab und zu besuchen, in immer größeren Abständen zwar, unter geringeren Schmerzen, vielleicht sogar manchmal mit einem stillen, dankbaren Lächeln, aber doch in wehmütiger Erinnerung.

Sie spüren jetzt immer häufiger, dass Sie vom »Land der Trauer« Abschied nehmen. Die Vorboten des »neuen Lebens« umgeben Sie bereits – mal mehr und mal weniger. Die Freude und das Glück sind schon manches Mal wieder bei Ihnen eingekehrt. Besucher sind an den meisten Tagen herzlich willkommen, die Sonne darf durch die Fenster in Ihre Wohnung scheinen. Und auch, wenn Sie die Türen noch manchmal wieder schließen

und die Vorhänge zuziehen, ist doch eine deutliche Veränderung zu spüren. Sie achten wieder vermehrt auf Ihr Äußeres, das fällt auch Ihren Mitmenschen auf.

Das »neue Leben« liegt jetzt vor Ihnen. Es wird niemals so sein wie das alte. Manchmal wundern Sie sich über ihren Mut, dieses Leben zu wagen und sich darauf einzulassen. Und manches Mal – zwischendurch – fragen Sie sich, ob es überhaupt gelingen kann.

Sie sind zum Glück gut auf das »neue Leben« vorbereitet. Die intensive Zeit der Trauer war die richtige Vorbereitung dafür, altes Leben loszulassen und neues zuzulassen und zu ergreifen.

Gibt es noch Hindernisse auf dem weiteren Weg? Ja, es gibt einige:

Sie stehen in der Gefahr, gerade dann in das »Land der Trauer« zurückzukehren und sich vom Leben zurückzuziehen, wenn sich die Schwierigkeiten häufen und vor ihnen aufzutürmen scheinen. Vertrauen sie auf ihre eigenen Möglichkeiten, darauf, dass Sie es schaffen können! Und vertrauen Sie auf die Kraft des Lebens und die Hilfe des Gottes der Liebe, der Sie durch die schwere Zeit der Trauer manchmal hindurchtragen musste.

Es besteht – vielleicht – auch die Gefahr, dass Sie gleich in eine neue Beziehung »hineinstolpern«. Dabei brauchen Sie doch noch viel Zeit, um zu lernen, erst einmal Ihr eigenes Leben zu führen und »in den Griff zu kriegen«. Wer überhastet eine neue Beziehung eingeht, steht in Gefahr, die eigenen Defizite einem Partner oder einer Partnerin zu »überlassen«, statt daran zu arbeiten und für sich selbst Verantwortung zu übernehmen. Sie

richten sich besser erst einmal allein im »neuen Leben« ein, bauen verschiedene alte und neue Freundschaften auf und geben sich die Chance, ein Mensch zu werden, der in sich selbst ruht. Alles weitere wird sich dann ergeben.

Eine weitere Gefahr: Sie fühlen sich weiterhin dem geliebten Menschen verpflichtet. Sie hatten ihm – vielleicht sogar auf dem Sterbebett – versprochen, sein Lebenswerk weiterzuführen, nie wieder zu heiraten, das Ferienhaus zu behalten und zu pflegen oder sonst etwas. Damals, unter dem psychischen Druck der Situation, konnten Sie nur einwilligen.

Sind Sie jetzt daran gebunden? Nein, eindeutig nein; denn Sie leben nicht das »alte Leben« weiter, sondern ein neues! Sie allein sind jetzt für Ihr Leben verantwortlich, und Sie allein müssen entscheiden, wie Sie leben wollen und können! So geht es nicht mehr um die Frage, nach der Sie sich vielleicht Jahre oder Jahrzehnte gerichtet haben: »Was würde sie oder er jetzt tun oder wünschen?«, sondern Sie selbst sind verantwortlich sowohl für die Fragen als auch für die Antworten.

Ein neues Leben erwartet Sie. Es ist anders, aber es ist ebenso Leben wie das alte. Neue Möglichkeiten und Abenteuer warten auf Sie. Das Leben hat noch viel mit Ihnen vor. Das Leben liebt Sie. Und Sie lieben – hoffentlich – das Leben!

Zehn Schritte in Tagen der Trauer

1. Ich darf mich meiner Trauer völlig hingeben, ohne danach zu fragen, was andere Menschen denken.
2. Ich darf die Schmerzen zulassen, darf weinen und klagen und zornig sein.
3. Ich darf mich während meiner Trauer vom heutigen Leben zurückziehen und ganz in der Erinnerung leben.
4. Ich darf Dankbarkeit empfinden für diesen Menschen, gerade weil mich der Verlust schmerzt.
5. Ich darf Fragen zulassen über meine Versäumnisse gegenüber diesem Menschen. Wenn ich mich schuldig weiß, darf ich diese Schuld eingestehen und abgeben.

6. Ich darf Fragen zulassen über Versäumnisse und Lieblosigkeit des verstorbenen Menschen mir gegenüber. Ich darf ihm Schuld auch nachträglich vergeben.
7. Ich darf zu Gott beten und klagen, stammeln und betroffen schweigen. Ich darf bei ihm »abladen«.
8. Ich darf auf ein Leben nach dem Tod hoffen und trotzdem ganz in dieser Welt leben.
9. Ich darf so trauern, wie es für mich und meine Heilung gut ist.
10. Ich darf das »neue Leben« nach der Trauer so führen, wie ich es für gut und richtig halte.